# J.-B. CORIOLAN & J. MORTAIR

# LE
# PREMIER MAI

## ET LA
## JOURNÉE DE HUIT HEURES

Avec Préface de

## Jules GUESDE

—o—

### SOMMAIRE :

Le Premier Mai et la journée de huit heures. — Historique. — Le 1er Mai. — Le 1er mai 1890. — La journée de huit heures. — Aux objections. — L'opposition. — Véritable objection. — Solidarité. Unissez-vous !

Prix : **10** cent.

DÉPOT GÉNÉRAL
J. CRÉPIN, rue des Entrepreneurs, 94,
PARIS

# PREFACE

A la brochure qui suit, et que je ne saurais trop recommander aux ouvriers de tous les métiers, je n'ajouterai que quelques mots :

CAMARADES DE L'ATELIER.

Si tant d'entre-nous sont aujourd'hui sans travail, c'est-à-dire — en régime de salariat sans pain pour eux et les leurs, c'est que les autres, ceux qui travaillent, sont contraints de faire des journées de onze, douze et jusqu'à quatorze et quinze heures.

Si les *mortes-saisons* c'est-à-dire les saisons où l'on meurt plus ou moins lentement de faim, vont se multipliant, c'est que, grâce à la liberté pour vos patrons de prolonger abusivement la journée de travail, on nous fais *abattre*, en cinq ou six mois l'ouvrage d'une année.

Si vos salaires sont si bas, suffisant de moins en moins à vos besoins, c'est que comme toute marchandise, votre force-travail *vaut* d'autant moins, est d'autant moins payée qu'elle est plus abondante et que, le machinisme aidant, par suite du travail de nuit s'ajoutant au travail de jour, les bras qui s'offrent dépassent toujours, et de plus en plus, les bras demandés.

Camarades,

Voulez-vous voir hausser vos salaires ?

Voulez-vous en finir avec des chômages de plus en plus meurtriers ?

Voulez-vous qu'il y ait place pour tous à l'atelier, c'est-à-dire à l'existence ?

Il n'y a pour cela qu'un moyen dans la société actuelle :

C'est de raréfier la marchandise-travail
que vous représentez ; c'est de limiter la
somme d'heures de travail que vous apportez
sur le marché ; c'est de réduire, par une loi,
la journée de travail ; c'est d'imposer à nos
gouvernants *la journée de huit heures.*

Et cette *journée de huit heures* avec ses
corollaires : la *suppression du travail de
nuit* et un *repos ininterrompu de trente six
heures par semaine,* il ne tient qu'à vous de
l'obtenir, sans violences, presque sans efforts,
vous n'avez qu'à vous montrer le 1er Mai
prochain, à répondre : *présent !* à l'appel
international de votre classe.

Cette manifestation pacifique suffira à votre
victoire, aucun gouvernement ne pouvant
résister longtemps à des millions ce
travailleurs debout et disant : *nous voulons !*

## Jules GUESDE

# LE

# PREMIER MAI

## ET

## La Journée de Huit Heures

Le XIX° siècle a dit un célèbre homme d'Etat, sera appelé dans l'Histoire « le siècle des Ouvriers. »

Cet homme d'Etat n'avait pas tort, mais il eut dû ajouter ? « Malgré et contre la société bourgeoise. »

En dépit des terribles commotions sociales de 1831, 1848 et 1871, un autre homme d'Etat, un ministre, crut pouvoir affirmer cependant, que « la question sociale n'existe pas. »

Les évènements qui comme la Science ne flattent personne, n'ont pas tardé à infliger le plus formel démenti à cet « aiglon de Cahors. »

En effet, à l'heure actuelle tous les gouvernements, sous l'influence de la formidable pression ouvrière, ont l'air de s'intéresser à ja question sociale. Certains valets intellectuels

du capitalisme renchérissant sur les socialistes
eux-mêmes, en sont arrivés à découvrir
« plusieurs questions sociales », ce qui, soit
dit entre parenthèse, nous confirme dans
notre opinion que ces messieurs y voient
double, dans la plus mauvaise acception du
terme.

De ce qui précède, résulte donc cette
constatation : que les gouvernements, après
avoir nié, ont reconnu l'existence et l'immi-
nente de la « question ouvrière ». Mais ils
ne s'en tiennent pas là et leur préoccupation
est de fourvoyer les intéressés.

Il arrive cependant, en dépit des brouillards
épais derrière lesquels la classe dirigeante
cherche à masquer la vérité, que cette
dernière parvient à se faire connaître et les
évènements se succèdent rapides, chassent
les brumes qui l'environnent, faisant surgir
distinctement aux yeux de tous, la question la
plus immédiatement importante pour la masse
du travail : celle de la réduction des heures
labeur.

« La classe prolétarienne constituée en
parti autonome, l'a bien compris, et en
attachant une grande importance à cette
réforme, elle a raison.

Car tant que cette grave question ne sera
pas tranchée en faveur de la limitation à 8
heures de la journée do travail, tout espoir
sera interdit dans les rangs du salariat.

C'est à cause de cette situation tendue à l'extrême que les avant-gardes ouvrières du monde entier ont décidé de concentrer leurs efforts pour la conquête des 8 heures.

Partout les mêmes besoins. Partout les mêmes désidérata. Partout les mêmes revendications se traduisant par cette formule: 8 heures de travail, 8 heures de repos, 8 heures de loisir.

## Historique

La fixation d'une journée normale de travail n'est pas un problème récemment posé, mais il existe depuis que l'industrialisation de l'homme, de la femme de l'enfant a eu lieu.

Si la nécessité d'une limitation légale de la durée du travail quotidien s'était depuis longtemps fait sentir, ce n'est guère qu'en 1866, qu'elle a été sérieusement formulée et précisée en Europe. C'est lors du premier congrès de l'Internationale réuni à Genève en cette année 1866, qu'aux termes du rapport du conseil général de Londres (1), le congrès décida que « la journée de travail devait être de 8 heures ».

Au mois d'Août de la même année, le congrès général des ouvriers américains assemblé à Baltimore adoptait une résolution analogue réclamant « la journée de 8 heures ».

______________

(3) Rédigé par Karl Marx.

Ce mouvement pour les 8 heures prit en Amérique des proportions formidables et provoqua une agitation qui se traduisit par un grand nombre de grèves.

Tandis qu'en Europe la guerre franco-prusienne et la défaite de la Commune arrêtaient le mouvement ouvrier socialiste, les travailleurs américains s'organisaient.

En 1877 les ouvriers des chemins de fer voulurent imposer la journée de 8 heures et firent éclater la fameuse grève qui arrêta tout mouvement sur la voie ferrée. Ils ne craignèrent même pas de lutter à main armée contre la double action de la milice locale et de la troupe fédérale... La grève fut perdue mais la propagande en reçut une nouvelle impulsion. C'est de cette époque que la fameuse société « *Les chevaliers du Travail* » commence à faire parler d'elle. Dans un de ses congrès tenu à Hamilton en 1885, elle décida de reprendre l'agitation des 8 heures Les Trade's-Union (union des métiers) dans leur cinquième congrès, à Washington, où plus de 200,000 travailleurs fédérés étaient représentés, se rallièrent à la même résolution

Dans l'Illinois, un grand nombre d'ouvriers obtinrent gain de cause. Une compagnie de tabac ayant établi la journée de 8 heures, prit même à titre de réclame le nom de *Compagnie de tabac des huit heures* ?

## Le 1er Mai

D'autre part la « *Fédération des chambres syndicales des Etats-Unis et du Canada* » comptant plus de 300,000 membres adhérents décida d'établir le 1er Mai : la fête nationale du travail. L'agitation redoubla et les principaux centres industriels d'Amérique furent le théâtre de manifestations, meetings monstres, congrès etc, etc...

La journée de « 8 heures » fut établie dans les ateliers de l'Etat, et le président Cleveland en présence de ce mouvement formidable déclara: « *qu'il considérait la loi bonne et juste et entendait qu'elle fut appliquée à la lettre, etc.* »

Le 1er Mai 1886, la fête du travail fut célébrée partout avec éclat et les rapports publiés à cette époque par les Trade's-Unions constatent que 150,000 ouvriers avaient obtenu la journée de 8 heures et que 200,000 s'étaient mis en grève pour l'avoir.

Malheureusement, la catastrophe de Chicago, perpétrée par la police, amenant la condamnation sans preuves et l'exécution de cinq anarchistes, fit subir un temps d'arrêt à ce beau mouvement.

En Europe, l'agitation sociale avait repris naissance des débris de l'Internationale et le gouvernement Suisse eut l'honneur de projeter un congrès international dans le but d'étudier la question, mais l'hostilité de la bourgeoisie européenne lui fit abandonner son idée, qui devait être reprise plus tard. (1)

Enfin en Septembre 83, les délégués de 250 sociétés ouvrières de la Suisse reprirent la question et lancèrent un appel aux travailleurs d'Europe et d'Amérique.

Depuis lors, et plus exactement depuis le congrès de Genève en 1866, tous les partis ouvriers socialistes des deux mondes inscrivirent sur leur programme : *« Réduction légale et internationale de la journée de travail à 8 heures. »*

Les Congrès ouvriers de Marseille, de Paris, du Havre, de Roubaix, de Reims, de Roanne, etc., ont inséré cette amélioration parmi les réformes les plus immédiatement urgentes à réclamer.

## Le 1er Mai 1890

Arrive le congrès de Juillet 1889 qui se tint à Paris et qui comptait près de 400 délégués (395) venus de tous les coins du monde civilisé. Il adopta à l'unanimité la proposition d'un délégué américain : *invitant les ouvriers des deux mondes à choisir le 1er Mai comme fête internationale du Travail. »*

Cette même résolution comportait également

(1.) Par l'Allemagne au *« congrès de Berlin ».*

l'ultimatum aux pouvoirs publics de partout d'avoir à établir la journée de 8 heures.

L'unité de la manifestation et son caractère international fut dès lors bien arrêté. Les faits qui suivirent sont encore trop récents pour que nous ayons à y revenir. Tout le monde a pu remarquer l'effroi qui a saisi la Bourgeoisie dans l'appréhension de ce mouvement résolument pacifique de la classe ouvrière internationale . les troupes furent consignées, de considérables forces militaires furent déployées. En un mot, la classe bourgeoise se couvrit de baïonnettes et... de ridicule.

La presse reptilienne perdit soudain la tête et fit connaître jusque dans les plus petites villes, aux travailleurs les plus en dehors du mouvement social, toute l'importance de la manifestation.

Les oies antiques par leurs cris, sauvèrent un jour le Capitole ! avec leurs plumes, les oies modernes crurent sauver à leur tour le cher capital. Mais hélas ! ô décadence des oies, — le capital, ce doux fruit du travail... des autres, n'en fut pas plus sauvé, n'ayant ce jour-là été exposé qu'à un danger... futur.

La bourgeoisie qui s'amollissait dans la somnolence des *délices de Capoue* entrevit le cauchemar de la roche Tarpéienne, et les transes les plus vives succédèrent à sa douce quiétude. La fête du 1er Mai eut donc lieu et fut magnifique, unanime enthousiaste.

## La Journée de 8 heures

Maintenant que nous sommes si près de la seconde sommation du Travail à la Fainéantise, étudions la signification de la journée qui va éclore à l'aube de Mai ; examinons froidement et brièvement les revendications qu'elle porte et les réformes qu'elle exige.

Si nous envisageons la situation faite au travailleur de nos jours, nous constatons de suite que loin de s'améliorer elle empire chaque jour en raison des progrès constants du machinisme.

Lorsque le coup de foudre de 1789 eut définitivement brisé le vieux mécanisme économique du Moyen-âge et donné naissance à la nouvelle forme sociale ;

Une fois les jurandes, maîtrises et corporations rejetées dans la légende, le travailleur, dès lors isolé perdit le droit de coalition, aboli par décret, et fut livré pieds et poings liés aux exigences de la nouvelle production. La suppression des vieilles institutions permit à l'industrialisme de se développer à outrance C'est alors qu'une aristocratie financière enrichie des dépouilles des ci-devants nobles et prêtres, pénètre dans l'arène sociale élevée cette fois sur le terrain de la concurence industrielle, résultat obligé. de la liberté du commerce.

Dans la lutte de la concurrence, la victoire appartient aux produits les mieux fabriqués et surtout aux plus bas prix (1). De là cette application aveugle, mais nécessaire et fatale, du machinisme par les nouveaux seigneurs. De cette application dépendait leur domination économique et politique. Aussi arriva-t-il qu'en quelques années cette nouvelle forme de la production prit un développement extraordinaire et se traduisit par une accumulation sans cesse grossissante des produits. Tout se fut passé à merveille si à cette accumulation eût correspondu une consommation complète de ces produits ; mais ce fut précisément le contraire qui arriva.

Pour produire à bon marché les industriels durent réduire le coût de la production : *le temps de travail rétribué* C'est donc *en supprimant le plus possible les bras ouvriers et en les remplaçant par la machine-outil que ce but fut atteint.* Il s'ensuivit la mise sur le pavé des ouvriers ainsi inutilisés, qui ne trouvant plus dans un salaire rémunérateur leur pitance

---

(1.) Nous disons produits et non producteurs parce que ici le producteur se trouve infériorisé par son produit qui le diminue et. lui impose des conditions d'existence. (*note des auteurs.*)

journalière, durent la chercher dans les expédients, compagnons ordinaires du vagabondage.

Car les dithyrambes des bourgeois pléthoriques ne parviendront pas à faire disparaître cette terrible vérité : *« que c'est cette loi qui établit une corrélation fatale entre l'accumulation du capital et l'accumulation de la misère, de telle sorte qu'accumulation de richesses à un pôle, c'est égale accumulation de pauvreté, de souffrance, d'ignorance, d'abrutissement, de dégradation morale, d'esclavage, au pôle opposé, du côté de la classe qui produit son propre produit sous forme de capital. (K. Marx. )*

Et au fur et à mesure du développement de forces productives et de la richesse sociale les bataillons de parias voient croître leurs files épaisses, jusqu'à devenir une armée, l'armée de la Misère.

Et l'on voit la foule des producteurs expropriés, mourir de besoin, en face de montagnes de produits de toutes sortes.

En France seulement : **180,000 hommes** meurent par an, de besoin.

Les malheureux « sans sou ni mailles » qui étaient déjà en 1831 pour crime de vagabondage et mendicité, condamnés au nombre de 5,000 atteignaient, en 1886, un chiffre supérieur à 32,000.

*D'ailleurs le nombre des autres condamnés*

*n'augmente pas avec une intensité moindre, car les condamnés* (en général) *qui se comptaient par* **80 mille** en 1840, s'élevaient en 1887 au chiffre respectable de **208,000 !!!**

La société capitaliste, qui déplore la dépopulation de la France, n'est même pas capable de garantir l'existence à tous ceux qui y sont nés. Car les individus qui, chassés de notre pays natal par le besoin, vont à l'Etranger, rechercher une terre plus hospitalière, étaient, en 1884 : au nombre de 3,763, en 1888 ; de 28.000 ; et en 1889, de plus de 60 mille expatriés par la misère.

Nous nous arrêterons dans cette énumération de chiffres, en rappelant que les *suicidés* qui formaient en 1877, une sinistre hécatombe de 17 mille cadavres, se comptaient en 1887 par 24 mille c'est-à-dire en 10 ans une augmentation de 45 0[0.

Tel est le contingent formidable des hors-la société, de ces lépreux modernes, que crée la Société du Progrès, issue de la Révolution de 1789.

Et dans ce sombre tableau, tout ce qu'il y a de plus officiel, ne sont pas compris, bien qu'ils en constituent une annexe logique, « les innombrables sans travail végétant sur le maigre salaire d'une femme, d'un frère, d'un père, d'un enfant... Les milliers de misérables recueillis ou secourus, officiellement ou non, par les particuliers, les hospices, maisons de retraites, refuges et bureaux de bienfaisance de toutes sortes, lesquels par leur nombre, démontrent que bientôt tout ce qui travaille sera indigent.

— Aucun remède ne fut apporté et les *ventres creux* eurent beau crier et inscrire sur leur drapeau *Du travail et du pain !...* seule la voix de la mitraille répondit...

Alors qu'un grand nombre d'affamés attendent à la porte de l'atelier la disponibilité d'une place à prendre, dans l'atelier même les ouvriers occupés travaillent, eux, jusqu'à épuisement de forces pendant 12, 14, 16 et même 18 heures par jour, heureux si, après ce labeur d'esclave, ils peuvent à la hâte absorber leur maigre repas soit pour dormir et prendre un repos strictement indispensable, mais insuffisant, soit pour se courber à nouveau et trimer de plus belle...

De loisirs, point ! l'étude des chefs-d'œuvres de la science et de l'art leur est interdite. Les courtes heures dont ils peuvent rarement disposer ne laissent place que pour l'ennui dégradant.

Nul ne peut nier que pour effectuer, 120 heures de travail par jour, il ne faille que 10 hommes pendant 12 heures, et que si la journée de travail était arrêtée à 8 heures ce n'est pas 10 mais bien 15 ouvriers qu'il faudrait pour le même labeur. De plus les 10 ouvriers faisant 12 heures par jour produisent comme 15 tout en ne consommant que comme 10, d'ou production plus forte que consommation, résultats : chomages, mortes saisons, crises commerciales.

C'est donc surtout dans cet excès de surtravail et non ailleurs que se trouvent les causes de cette surabondance de crimes, délits, suicides, misère et mendicité ; de toutes ces plaies sociales qu'entraine avec lui le manque d'équilibre entre la production et la consommation que résume cette absurdité : « *que les producteurs n'ont rien à consommer parce qu'il y a manque de consommateurs.* » (F. Engel : Socialisme utopique et socialisme scientifique)

Le seul remède efficace à cet état de choses est pour le moment la fixation légale de la journée de travail à 8 heures ainsi que l'exige et l'hygiène et le progrès industriel.

## Aux Objections

A première vue, des ouvriers pourront nous objecter que la diminution des heures de travail entrainera une baisse de salaire, que moins ils travaillerons moins ils seront payés. Qu'ils se détrompent, car c'est l'effet contraire qui devra forcément se produire. En voici la raison : La diminution des heures de travail mettra les employeurs dans la nécessité d'augmenter leur personnel ; ils trouveront ce supplément de travailleurs dans ceux qui attendent en chômant à la porte des ateliers, dans la foule de ceux dont la machine a fait des *ouvriers sans travail.*

Ainsi pourra se trouver supprimée, pour le travailleurs occupés, la concurrence des ouvriers de réserve. Ainsi pourra se trouver enrayé cet excès de production cause ordinaire de la plupart des chômages ; et loin de provoquer une baisse de salaires, les travailleurs sentant que les employeurs ont besoin d'eux pourront, avec succès, exiger une augmentation de ce salaire même. Et les faits sont là que viennent apporter leur sanction sans appel, qui tous se prononcent, qui tous parlent pour la journée de 8 heures. Ainsi : l'*Union des gaziers de Londres,* écrivait au *Pople's Press* par l'organe de son président que : « où nous avons pu obtenir la journée de 8 heures les salaires ont monté parfois de 45 0[0. » De plus des centaines d'ouvriers ont pu trouver du travail. . Les gaziers, les ouvriers de fabriques chimiques, les mécaniciens, les ouvriers du port ont tous vu leurs salaires hausser dès que les heures ont diminué. » En province c'est encore mieux; 100 pour 100 d'augmentation. (*Extrait d'un rapport de M. V. Delahaye*) A Paris les ouvriers travaillent en moyenne 11 heures 1[2, ceux de Massachusetts Amérique) 9 heures et ceux de Londres 9 heures 1|2. Eh bien le salaire moyen est à Paris de 0. 50 pour une heure de travail, à Londres de 0. 85 et dans le Massachusetts de 1fr. 115.

En Allemagne, partout ou les ouvriers ont obtenu une réduction de la journée de travail, les salaires ont haussé, etc., etc... » La conséquence de cet état de choses, c'est que, en France, où la journée de travail est longue et où les salaires sont bas, le sort des classes ouvrières y est plus misèrable que dans les pays ou les ouvriers tout en travaillant moins longtemps, gagnent plus.

C'est ainsi qu'en France, la consommation de viande par téte d'habitant est à peine de 80 livres par an en moyenne. En Angleterre où la journée de travail est plus courte et le salaire plus élevé la moyenne est de 101 livres par an. Et en Amérique ou la journée est encore plus courte et le salaire plus rémunérateur, la moyenne s'élève par téte d'habitant à 175 livres.

Nous ajouterons d'autre part que la consommation des céréales aux Etats-Unis est triple de celle de l'Europe toutes proportions gardées. (1)

## Le petit commerce et les 8 h.

Les travailleurs peuvent se considérer

---

(1) Il résulte donc bien, pour les producteurs salariés, une plus grande somme de bien être de la réduction du travail journalier.

comme les marchandises qui plus elles sont nombreuses au marché moins elles sont chères et qui plus elles y sont rares plus le prix s'en élève. Le travail subit le même sort et plus il est offert moins il est payé, comme inversement moins il est offert ; « ce qui a lieu où la réduction des heures de travail est établie. » Plus il est recherché plus il est payé.

Tout le monde du travail subit la même condition sociale d'existence et par là se trouve rivé à la question des 8 heures. Les petits commerçants en général que la masse ouvrière fait vivre, doivent soutenir ce mouvement qui leur rendra la vie plus facile en procurant à leur clientèle les moyens d'existence c'est-à-dire d'acheter.

D'ailleurs le sort de plus en plus précaire réservé aux petits : commerçants, industriels, propriétaires par les exigences de la lutte pour la vie que leur imposent les *mieux-armés* es plus gros capitalistes, identifient leurs intérêts avec ceux du prolétariat.

En 20 années seulement de 1862 à 1882, le nombre des petits propriétaires qui ont été dépossédés de leur lopin de terre au profit des gros fonciers a été de 405 mille.

Les petits industriels, petits patrons ne sont pas plus épargnés par le grand atelier et l'usine, que le petit cultivateur ne l'est par la grande exploitation agricole. Eux aussi sont vaincus dans la bataille. De 1857 à 1879, un million 712 mille 433 petits patrons ont été fauchés par la concurrence impitoyable des patrons millionnaires et des sociétés par actions. (1)

## L'opposition

Nos bourgeois patronaux qui voient dans cette réforme économique (la réduction des heures de travail) une menace pour l'avenir essayant de persuader à qui veut avoir la complaisance d'écouter leurs gérémiades Que le commerce, que l'industrie nationale courent un grand danger sitôt qu'il s'agit de diminuer l'exténuement abrutissant du producteur ; c'est, disent ces patriotes à trois poils. par crainte de ne pouvoir tenir tête à la concurrence étrangère qu'ils se déclarent contre toute réduction !

Laissons ici les faits répondre pour nous : L'un des délégués du gouvernement français à la « conférence de Berlin » M. Delahaye lui-même a démontré que partout où la journée de travail est moins longue la production est plus forte.

_________

(1) Cette marche à la ruine des petits se se continue, les dernières statistiques sur le nombre des patentés en France, pour l'année 1890 accusent une diminution de 1536 cote 1,672,485 contre 1,674,022 en 1889. (chiffres officiels.)

Cette vérité d'ailleurs n'est plus un mystère pour aucun économiste sérieux : En effet, l'enquête sur les conditions du travail à l'étranger a prouvé que dans les mines de l'Etat allemand par exemple où la journée de 8 heures est établie, la productivité au lieu de diminuer a augmenté dans une notable proportion. Dans les ateliers de Massachus-setts où la journée de travail est de **9 heures**, la productivité ouvrière est de **9,136 francs** par an et par ouvrier. A New-Jersey où la journée de travail n'est que de **8 heures 1/2**, la productivité moyenne ouvrière est de **13.800 fr.**

A Paris même, dans les ateliers ou la durée de travail est de **12 heures** la production s'élève en moyenne à **4000** francs par ouvrier, dans les ateliers où la durée du labeur n'est que de **10 heures**, cette productivité atteint **5,600 fr.**

L'expérience démontre donc que la diminution des heures de travail loin d'abaisser la production l'élève au contraire (1). La raison en

_______________

(1) Les expériences de Robert Owen et de M. Godin l'ont également démontré et le catholique M. de Mun, l'a rappelé à la Chambre dans un de ses plus remarquables discours. Au cours de la même séance le citoyen Ferroul a replacé sous les yeux de la Chambre les résultats de l'expérience du docteur Naplas, concluant en faveur de la réduction à 8 h.

est fort simple : d'une part, forcés pour faire face aux demandes de leurs clients, d'activer la production, les industriels et fabricants doivent augmenter le nombre de leurs employés, agrandir les ateliers, perfectionner l'outillage. d'autre part, les ouvriers n'étant plus exténués par 12, 16 ou 18 heures travaillent avec plus d'ardeur, sont plus dispos et produisent davantage.

Les longues journées de travail tendent à l'abatardissement de l'espèce humaine, par l'épuisement de la classe laborieuse ; et en effet nous voyons : que la taille est moins élevée dans la classe ouvrière que parmi les bourgeois riches ; que la mortalité proportionnelle y est plus forte, à tous les âges, et surtout dans l'enfance ; que la durée de l'existence est plus longue chez les riches que chez les pauvres.

Seule, à l'heure actuelle. la réduction de la journée de travail forcé peut arrêter cette décadence de la race. Les mécaniciens de Birmingham l'ont d'ailleurs constaté pour ainsi dire « de visu » ; ayant obtenu il y a déjà 20 ans, la journée de 9 heures, ils ont vu en 15 années, la moyenne de leur existence monter de 33 à 40 ans : — nous dédions cette réponse aux apôtres *patriotânes* de la « repopulation » de la France.

Il n'y a donc de danger dans la réduction

que pour la routine et les prud'hommesques routiniers.

## Véritable objection

La seule et véritable objection que les patrons ont à opposer à cette mesure, c'est qu'elle leur reprendra une petite part de ce qu'ils extorquent à leurs ouvriers et qu'elle les obligera à perfectionner leur outillage, cause de l'infériorité de l'industrie française à l'égard de l'étranger. De plus, elle permettra aux travailleurs de se grouper, de se coaliser, de connaître leurs forces et de s'en servir pour défendre leurs intérêts de classe. C'est là surtout ce que craignent tant nos parasites exploiteurs qui ne cherchent qu'une chose : faire durer la situation le plus longtemps possible, afin d'en profiter. La question est et reste donc bien posée. Pour les travailleurs, les longues heures de travail créent fatalement l'épuisement physiologique et moral, la misère, la mort prématurée ; et pour une partie, le chômage forcé, le manque de travail c'est-à-dire le manque de pain, le bureau de bienfaisance pour les uns, le banc des condamnés pour les autres. Tel est le résulta malheureusement incontestable des longues journées de travail.

Les travailleurs qui pensent avec nous qu'il est temps de faire cesser ce péril social né de l'industrialisme, *la décé dresçence de*

*l'espèce humaine*, comprendront toute la
nécessité qu'il y a de réclamer vigoureuse-
ment des pouvoirs publics la protection du
travail contre l'exploitation aveugle et
meurtrière.

## Solidarité

Nos bons dirigeants sont, nous le savons,
passés maîtres-ès-art d'endormir et de
capter la confiance publique ; ne nous laissons
pas prendre. Pour faire montre de bon vouloir,
nous les avons vus en France, poussés par la
pression ouvrière, nommer une commission
d'enquête que présidait l'avocat Ricard,
dans le but bien arrêté d'avance, d'enterrer
la question. Mais il s'est trouvé que malgré le
mutisme de nombreux syndicats socialistes
qui n'ont pas voulu se prêter à cette fumisterie,
le prolétariat français sauf de très rares
exceptions est unanime à se prononcer pour
le principe de la réduction des heures
de travail ; ce résultat va tant soit
peu déranger le plan de nos *laborivores* le
1er Mai prochain ; si ces messieurs déploient
leurs forces militaires contre nos délégués,
ils se déclareront par là contre la majorité
des réponses qu'ils sont venues quémander et
auxquelles ils ont promis de donner
satisfaction.

Les mauvais vouloirs des dirigeants dans
les questions ouvrières n'est un secret pour

personne ; c'est justement en raison de cette mauvaise volonté, de cette indifférence du sort des producteurs, qu'il importe de renouveler chaque année, jusqu'au succès complet, les manifestations internationales de Mai, qu'il importe de démontrer la solidarité toujours croissante de la foule des travailleurs conscients, de ceux qui, **pacifiquement**, avec le calme imposant que donne cette force consciente qui doit conquérir le monde viendront réclamer leur droit à la vie.

### TRAVAILLEURS !

Au non de l'humanité en danger ;
Au nom de ceux qui vous sont chers ;
Au nom de leur avenir et de votre existence ;
Rappelez-vous que l'union fait la force ;
Venez grossir les rangs de la cohorte socialiste qui s'est déjà lancée tant de fois sur la brèche.
Ecoutez la voix qui domine dans l'Histoire nous criant avec la Science :

**« Prolétaires de tous pays,
Unissez-vous !**

### FIN